1001 Cerca & Trova

Principesse

EDIBIMBI

Riesci a trovare 1001 oggetti... regali?

La principessa Sofia e la principessa Cloe ti danno il benvenuto nel loro splendido regno. La regina ha invitato tutti a un banchetto speciale e racconta la storia di un re molto ricco, vissuto molti anni prima, che nascose una vera fortuna da qualche parte nel suo regno. Il tempo passò, il tesoro fu dimenticato finché, un giorno, un indizio fu scoperto:

"Trova 12 chiavi d'oro per scoprire il più prezioso tesoro".

Aiuta la principessa Sofia e la principessa Cloe a trovare le 12 chiavi d'oro. Dovrai trovare la principessa Sofia, la principessa Cloe e una chiave d'oro in ogni scena. Ci sono più di 1000 bellissimi oggetti da trovare lungo la strada... che la caccia al tesoro abbia inizio!

Principessa Sofia **Chiave d'oro** **Principessa Cloe**

Trova la principessa Sofia, la principessa Cloe e una chiave d'oro nella pagina accanto. Una volta trovati, prova a cercare anche questi oggetti:

2 violinisti

9 ciliegie rosse

11 tortine deliziose

Il pigiama party segreto

La principessa Sofia e la principessa Cloe organizzano un pigiama party, e raccontano il mistero del tesoro alle loro amiche. Riesci a trovare Sofia e Cloe tra tutte le principesse? Ricorda di trovare anche una chiave d'oro.

1 cavallo a dondolo

4 sacchi a pelo a pallini

5 caroselli incantevoli

6 spazzolini da denti azzurri

7 cuscini a righe

8 borse dell'acqua calda

9 pantofole viola a pallini

10 tazze di cioccolata calda

11 mascherine verdi

13 boccette di smalto

La cucina del re

La mattina, le principesse aiutano il cuoco del re a infornare tanti deliziosi dolcetti per l'impegnativa caccia al tesoro che le aspetta. Riesci a trovare le principesse Sofia e Cloe e una chiave d'oro?

5 tortine arcobaleno

6 guanti da forno a pallini

8 gelatine a forma di castello

12 barattoli di marmellata di fragole

15 cappelli luccicanti da cuoco

Il guardaroba reale

Nel guardaroba ci sono così tanti vestiti eleganti e scarpe luccicanti, che le principesse si sono dimenticate cosa cercare! Trova le principesse Sofia e Cloe e un'altra chiave d'oro.

5 sgabelli imbottiti di velluto

6 scarpe viola con pompon

8 borsette a forma di cuore

12 boccette di profumo

15 specchi d'oro

Festa in piscina

Splash! Le principesse si tuffano nell'acqua cristallina e dai mille riflessi della piscina esotica. Riesci a trovare la principessa Sofia e la principessa Cloe? Poi aiutale a trovare una chiave d'oro.

1 bagnina reale

4 ombrelloni a righe

5 statue di sirene d'oro

6 paia di braccioli arancioni

7 soffici asciugamani

8 collane hawaiiane

9 salvagenti a pallini

10 palloni a righe

11 succhi tropicali

13 infradito gialle

Piroette perfette

Le principesse cercano un'altra chiave d'oro nella sala da ballo. Girano, volteggiano e piroettano a tempo di una musica incantevole. Trova la principessa Sofia, la principessa Cloe e una chiave d'oro.

5 borsoni da danza

6 tutù a righe

8 principesse col tutù da cigno

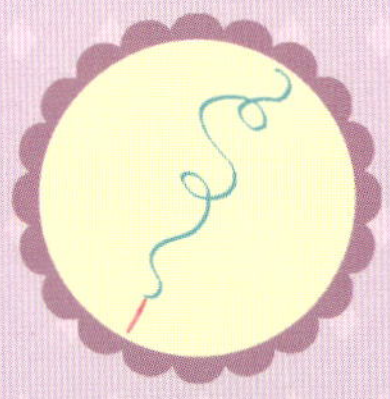

12 nastri per danzare

15 coppe d'oro

Buon appetito!

Che mattinata intensa! Le principesse pranzano alla caffetteria reale prima di continuare la caccia al tesoro. Riesci a trovare la principessa Sofia e la principessa Cloe? Poi aiutale a trovare una chiave d'oro.

5 mele rosse e succose

6 dolcetti alla cannella

8 coppe gelato

12 vasi di bellissimi fiori

15 frullati deliziosi

Le stalle

Forza! Nelle stalle reali, le principesse strigliano i loro cavalli campioni di equitazione e cercano un'altra chiave d'oro. Trova la principessa Sofia e la principessa Cloe.

1 principessa che dà da mangiare a un cavallo

4 trofei d'argento

5 cappelli neri da equitazione

6 cavalli con un diadema

7 selle marroni

8 spazzole per cavalli

9 scope per le stalle

10 ferri di cavallo luccicanti

11 carote croccanti

13 coccarde rosa

Un picnic nel parco

Dopo un pomeriggio intenso passato a cercare le chiavi nascoste, le principesse si godono un meritato picnic. Riesci a trovare la principessa Sofia e la principessa Cloe? Poi aiutale a trovare una chiave d'oro.

5 altalene... principesche

6 aquiloni arcobaleno

8 papere graziose

12 bombi ronzanti

15 cestini da picnic

La casa sull'albero

Più tardi, le principesse si ritrovano nella casa sull'albero per discutere della caccia al tesoro. Dove potrebbe essere nascosta un'altra chiave? Trova la principessa Sofia e la principessa Cloe, poi aiutale a trovare una chiave d'oro.

5 tavolozze per dipingere

6 violini splendenti

8 diari segreti

12 gomitoli di lana

5 ciotole di caramelle arcobaleno

Quante principesse!

La notizia del tesoro si è sparsa in ogni angolo del reame e altre principesse sono arrivate in carrozza ad aiutare. Riesci a trovare la principessa Sofia e la principessa Cloe? Poi aiutale a trovare una chiave d'oro.

1 principessa che bagna i fiori

4 fontane fatate

5 alberi a forma di caramella

6 carriole verdi

7 guanti verdi da giardinaggio

8 annaffiatoi d'oro

9 simpatici bruchi

10 bellissime rose rosa

11 gnomi da giardino

13 coccinelle graziose

La soffitta

In una soffitta buia, nella torre più alta del palazzo, le principesse frugano nei forzieri e nelle scatole. Trova la principessa Sofia e la principessa Cloe nell'ombra, poi aiutale a trovare un'altra chiave d'oro.

5 armature d'argento

6 forzieri di vestiti eleganti

8 candelabri decorati

12 orsacchiotti antichi

15 ragnetti graziosi

La grande biblioteca

Sst! Un altro indizio è stato trovato in biblioteca: "Se il tesoro prezioso vuoi trovare, le 12 chiavi per aprire la porta segreta devi usare!". Riesci a trovare la principessa Sofia, la principessa Cloe e l'ultima chiave d'oro?

1 porta segreta viola

8 mappamondi

10 piume verdi

12 paia di occhiali rosa

15 aeroplanini di carta

Il mistero è risolto

Il tesoro è stato finalmente trovato! Dietro la porta segreta, ci sono molti gioielli splendenti e monete d'oro luccicanti. Trova la principessa Sofia e la principessa Cloe!

1 principessa con un abito lungo

4 forzieri azzurri del tesoro

5 statue di elefanti d'oro

6 corone su cuscini rossi di velluto

7 gatti con una collana di perle

8 topolini graziosi

8 coppe d'oro con rubini

10 smeraldi a forma di cuore

11 portagioie con carillon

12 anelli luccicanti di diamanti

Il gran ballo

La principessa Sofia e la principessa Cloe organizzano un gran ballo per festeggiare. È stata dura risolvere il mistero, ma anche molto divertente! Riesci a trovare la principessa Sofia e la principessa Cloe?

1 scarpetta luccicante di cristallo

4 cuccioli con il papillon

5 grandi ciotole di frutta

6 vestiti arcobaleno splendenti

7 lecca lecca rosa

8 calici d'oro

9 palloncini blu

10 fette di torta ai lamponi

11 cappellini buffi da festa

13 sacchetti verdi

Ben fatto! Hai aiutato le principesse a risolvere il grande mistero del tesoro. Adesso trova tutti questi personaggi e oggetti reali in ogni scena del libro:

Il re

La regina

Gemma la gatta

La tartaruga reale

Diadema di rubini

Una teiera

Un diamante

Il trono del re

Hai osservato ogni scena con attenzione? Torna indietro e trova questi oggetti: in quale scena sono nascosti?

Una principessa che dipinge

Una principessa seduta su una pila di libri

Dei birilli

Tre gelati enormi